Moza

Edited by
Robert L. Larsen and Richard Walters

To access companion recorded accompaniments online, visit:
www.halleonard.com/mylibrary

Enter Code
1749-9712-7370-0046

Aria Text Editor and Translator: Martha Gerhart
Assistant Editor: Janet Neis

On the cover: Nicolas Lancret, *La Camargo Dancing*, c. 1730, oil on canvas, 30 x 42 inches,
Andrew W. Mellon Collection, © 1992 National Gallery of Art, Wahsington

ISBN: 978-0-7935-6240-4

HAL•LEONARD®
CORPORATION
7777 W. BLUEMOUND RD. P.O. BOX 13819 MILWAUKEE, WI 53213

Visit Hal Leonard Online at
www.halleonard.com

Contents

Pianist on the recording: Robert Larsen

ROBERT L. LARSEN is the compiler and editor of the bestselling *G. Schirmer Opera Anthology,* in five volumes, and also collaborated with Evelyn Lear in recorded and published master classes, released by G. Schirmer in two volumes, *Lyric Soprano Arias: A Master Class with Evelyn Lear.* Dr. Larsen is featured as a pianist on a CD/score package of *Songs of Joseph Marx* from Hal Leonard Publishing, and is compiler of a series of opera scenes for study and workshop performances.

Dr. Larsen is founder and artistic director of one of America's major opera festivals, the critically acclaimed Des Moines Metro Opera, and since the company's founding in 1973 has served as conductor and stage director for all of its productions. Since 1965 Dr. Larsen has also been chairman of the department of music at Simpson College in Indianola, Iowa, and during his tenure the department has received national recognition and awards for its serious and extensive program of operatic training for undergraduates. He holds a bachelor's degree from Simpson College, a master's degree in piano performance from the University of Michigan, and a doctorate in opera and conducting from Indiana University. His piano studies were with Sven Lekberg, Joseph Brinkman, Rudolph Ganz, and Walter Bricht. Dr. Larsen is highly regarded as an opera coach and accompanist. He has coached singers at Tanglewood, Oglebay Park, West Virginia, Chicago, and New York, and has assisted in the training of many artists with significant operatic careers.

Dr. Larsen was the recipient of the first Governor's Award in Music presented by the Iowa Arts Council, and is listed in "Who's Who in America." In addition to his many other musical accomplishments, he is an avid student of the Renaissance, and specializes in bringing to life the great vocal works of that period.

MOZART ARIAS FOR MEZZO-SOPRANO

MITRIDATE, RE DI PONTO
(Mitridate, King of Pontus)

The libretto is by Vittorio Amadeo Cigna-Santi, based on the play Mithridate by Jean Racine (first performed in 1763 in Paris). The opera was premiered at the Teatro Regio Ducale in Milan on December 26, 1770. The story is set in Pontus, an ancient kingdom on the Black Sea, during the first century B.C.

Va, l'error mio palesa

from Act I
character: Farnace, elder son of Mitridate

Mitridate has sent a false report of his own death in battle in order to discover his sons' true loyalties. He returns unexpectedly with Farnace's fiancée, the Princess Ismene. They discover that Farnace is openly pursuing his father's betrothed, Aspasia. Ismene is outraged by Farnace's unfaithfulness, and tells him that she will persuade Mitridate to punish his son. Farnace responds to her in this aria.

Va, l'error mio palesa	*Go, reveal my wrongdoing*
e la mia pena affretta;	*and hasten my punishment;*
ma forse la vendetta	*but perhaps revenge*
cara ti costerà.	*will cost you dearly.*
Quando sì lieve offesa,	*When, for so slight offence,*
punita in me vedrai,	*you see me punished,*
te stessa accuserai	*you will blame yourself*
di troppa crudeltà.	*for too much cruelty.*

Son reo; l'error confesso

from Act II
character: Farnace

Soon after Mitridate's unexpected return from battle, a Roman soldier comes into his camp and reveals Farnace's conspiracy with the Romans. As the guards take him away, Farnace confesses his guilt to his father, adding that his brother Sifare has also betrayed Mitridate by winning the love of Aspasia.

Son reo; l'error confesso;	*I am guilty; I confess my wrongdoing;*
e degno del tuo sdegno	*and, worthy of your disdain,*
non chiedo a te pietà.	*I do not ask pity of you.*
Ma reo di me peggiore	*But more guilty than I*
il tuo rivale è questo,	*is this man, your rival,*
che meritò l'amore	*who merited the love*
della fatal beltà.	*of the irresistible, beautiful woman.*
Nel mio dolor funesto	*At my bitter sorrow*
gemere ancor tu dei;	*you must also grieve;*
ridere a' danni miei	*Sifare will not be able*
Sifare non potrà, no.	*to laugh at my misfortunes—no.*

LE NOZZE DI FIGARO
(The Marriage of Figaro)

The libretto is by Lorenzo da Ponte, based on the comedy *La Folle Journée, ou Le Mariage de Figaro* by Pierre-Auguste Caron de Beaumarchais. The play was premiered in Paris in 1784; the opera was premiered at the Burgtheater in Vienna on May 1, 1786. The story is set at the palace of Count Almaviva, near Seville, in the seventeenth century (usually played as the eighteenth century).

Non so più cosa son

from Act I
character: Cherubino

Cherubino, the teenage page to Count Almaviva, enters and complains to Susanna, the Countess' chamber maid, that the Count has just caught him embracing Barbarina and plans to banish him from the castle. All thought of his plight is forgotten, however, when he sees a ribbon belonging to the Countess, with whom he is smitten. He snatches it, giving Susanna in exchange the manuscript of one of his songs. He tells her to sing it everywhere, proclaiming his passion for all women and his love affair with love.

Non so più cosa son, cosa faccio;	*I don't know anymore what I am, what I'm doing;*
or di foco, ora sono di ghiaccio.	*now I'm made of fire, now of ice.*
Ogni donna cangiar di colore,	*Every woman makes me change color;*
ogni donna mi fa palpitar.	*every woman makes me tremble.*
Solo ai nomi d'amor, di diletto,	*At merely the words "love," "pleasure,"*
mi si turba, mi s'altera il petto,	*my breast becomes nervous and upset,*
e a parlare mi sforza d'amore un desio,	*and a desire for love forces me to talk—*
un desio ch'io non posso spiegar.	*a desire that I can not explain.*
Parlo d'amor vegliando,	*I talk about love when awake;*
parlo d'amor sognando,	*I talk about love when dreaming—*
all'acqua, all'ombra, ai monti,	*to the water, to the shadow, to the mountains,*
ai fiori, all'erbe, ai fonti,	*to the flowers, to the grass, to the fountains,*
all'eco, all'aria, ai venti,	*to the echo, to the air, to the winds*
che il suon de' vani accenti	*which carry away with them the sound of*
portano via con se.	*my futile words.*
E se non ho chi m'oda,	*And if I don't have someone to hear me,*
parlo d'amor con me.	*I talk about love to myself.*

Voi, che sapete

from Act II
character: Cherubino

After learning in Act I that he's bound for the army, Cherubino goes early in Act II to bewail this turn of events to the Countess Almaviva and Susanna in the Countess' boudoir. When Susanna asks him to sing one of his love songs for the Countess he is delighted. Susanna accompanies him on the guitar.

Voi, che sapete che cosa è amor,
   donne, vedete, s'io l'ho nel cor.
Quello ch'io provo, vi ridirò;
è per me nuovo, capir nol so.
Sento un affetto pien di desir,
ch'ora è diletto, ch'ora è martir.
Gelo, e poi sento l'alma
avvampar,
e in un momento torno a gelar.
Ricerco un bene fuori di me—
non so chi il tiene,
non so cos'è.
Sospiro e gemo senza voler;
palpito e tremo senza saper.
Non trovo pace notte nè dì,
ma pur mi piace languir così.

You ladies, who know what love is,
   see if I have it in my heart.
What I feel, I'll repeat to you.
It's new for me; I can't understand it.
I feel an emotion full of desire
which is now pleasure, now torture.
I freeze, and then I feel my soul
bursting into flames;
and in a moment I freeze again.
I'm seeking a treasure outside of me—
I don't know who holds it;
I don't know what it is.
I sigh and moan without wanting to;
I quiver and tremble without knowing why.
I find peace neither night nor day,
but yet I enjoy languishing that way.

Il capro e la capretta

from Act IV
character: Marcellina

Figaro, Count Almaviva's valet, has just discovered that his fiancée Susanna has agreed to meet the Count secretly in the garden, but he does not know that she is only helping her mistress, Countess Almaviva, to catch the Count in his philandering. Marcellina, Figaro's mother, warns him against jumping to conclusions. She decides to tell Susanna of Figaro's anger, and broadly proclaims the eternal battle of the sexes.

Il capro e la capretta
son sempre in amistà,
l'agnello all'agnelletta
   la guerra mai non fa.
Le più feroci belve
per selve e per campagne
lascian le lor compagne
in pace e in libertà.
Sol noi povere femmine,
che tanto amiam quest'uomini,
trattate siam dai perfidi
ognor con crudeltà.

The billy goat and the nanny goat
are always on friendly terms;
the lamb never makes war on
   the ewe lamb.
The most ferocious beasts
throughout forests and fields
leave their female partners
alone and free.
Only we poor females,
who love those men so much,
are treated by the deceivers
all the time with cruelty.

COSÌ FAN TUTTE
(Women Are Like That)

The libretto is an original story by Lorenzo da Ponte. The opera was premiered at the Burgtheater in Vienna on January 26, 1790. The story is set at the home of Fiordiligi and her sister Dorabella in Naples during the seventeenth century (most often played as the eighteenth century).

Smanie implacabili

from Act I
character: Dorabella

Fiordiligi and Dorabella think that their soldier boyfriends, Ferrando and Guglielmo, have just gone off to war. Dorabella, the younger of the two, melodramatically orders their maid, Despina, to close the shutters. Now that t her lover is gone she prefers to remain alone and suffer.

Ah, scostati!
Paventa il tristo effetto
d'un disperato affetto!
Chiudi quelle finestre—
odio la luce,
odio l'aria che spiro—
odio me stessa!
Chi schernisce il mio duol,
chi mi consola?
Deh fuggi, per pietà;
lasciami sola.

Ah, stand aside!
Shun the dismal consequence
of a despairing love!
Close those windows—
I hate the light,
I hate the air that I breathe—
I hate me myself!
Who is mocking my grief?
Who consoles me?
Ah, flee, for pity's sake;
leave me alone.

Smanie implacabili
che m'agitate,
entro quest'anima
più non cessate
finchè l'angoscia
mi fa morir.
Esempio misero
d'amor funesto
darò all'Eumenidi
se viva resto
col suono orribile
de' miei sospir.

Implacable frenzies
which agitate me,
within this soul
cease no more
until anguish
makes me die.
A funereal example
of mournful love
I will give to the Eumenidies
if I remain alive
with the horrible sound
of my sighs.

È amore un ladroncello

from Act II
character: Dorabella

Dorabella has accepted a locket from the new Albanian suitor (Guglielmo in disguise) in exchange for her portrait of Ferrando. Fiordiligi admits that she loves her own new suitor (Ferrando in disguise), but vows to remain faithful to Guglielmo. Dorabella teases her, saying that she must surrender to love.

È amore un ladroncello,
un serpentello è amor;
ei toglie e dà la pace
come gli piace ai cor.
Per gli occhi al seno appena,
un varco aprir si fa,
che l'anima incatena,
e toglie libertà.
Porta dolcezza e gusto,
se tu lo lasci far,
ma t'empie di disgusto,
se tenti di pugnar.
Se nel tuo petto ei siede,
s'egli ti becca quì,
fa' tutto quel ch'ei chiede,
che anch'io farò così.

Love is a little thief
love is a little viper;
he takes away from and gives peace
to hearts as he pleases.
No sooner, through the eyes to the breast,
does he make his way,
than he enchains the soul
and takes away freedom.
He brings sweetness and pleasure,
if you will let him do so;
but he'll fill you with loathing
if you try to fight.
If he settles in your bosom,
if he pecks you there,
do all that he asks,
as I will do too.

LA CLEMENZA DI TITO
(The Clemency of Titus)

The libretto is by Caterino Mazzolà, adapted from a libretto by Pietro Metastasio (set to music by Antonio Caldara and premiered in Vienna in 1734). The opera was premiered at the National Theater in Prague on September 6, 1791. The story is set in Rome, c. 80 A.D.

Parto, parto

from Act I
character: Sesto

Vitellia is so angry with the Emperor Tito for choosing another woman as his bride that she plans to destroy him. She seduces Tito's friend Sesto and then urges him to assasinate Tito. When Sesto is reluctant to turn against his friend, Vitellia's promises of love inspire him. As Sesto leaves, he tells Vitellia that he will do anything to make her happy.

Parto, ma tu ben mio,	*I am leaving; but you, my dearest,*
meco ritorna in pace;	*must make peace with me.*
sarò qual più ti piace,	*I shall be whatever pleases you most;*
quel che vorrai farò, si.	*I will do whatever you wish—yes.*
Guardami, e tutto obblio,	*Look at me, and I will forget everything;*
e a vendicarti io volo.	*and I will fly to avenge you.*
A questo sguardo solo da me si penserà.	*I will be thinking only of that look.*
Ah qual poter, o Dei!	*Ah, what power, oh gods,*
donaste alla beltà.	*you have granted to the beautiful woman!*

Torna di Tito a lato

from Act II
character: Annio

In fulfilling Vitellia's request that he kill Tito, Sesto has mistakenly killed the wrong man. Sesto's friend Annio urges him to confess his guilt and make amends with Tito.

Torna di Tito a lato;	*Return to Titus' side;*
torna, e l'error passato	*return, and your past mistake*
con replicate emenda	*rectify with repeated*
prove di fedeltà.	*proofs of faithfulness.*
L'acerbo tuo dolore	*Your bitter sorrow*
è segno manifesto,	*is a clear sign*
che di virtù nel core l'immagine ti sta.	*that the power of virtue lies firmly in your heart.*

Deh, per questo istante solo

from Act II
character: Sesto

The Emperor Tito has called his friend Sesto to his court to find out why Sesto attempted to kill him. Sesto does not wish to betray Vitellia's conspiratorial involvement, and does not answer. As he is sentenced to die, Sesto tells Tito that the anguish of having been a traitor is worse to him than death.

Deh, per questo istante solo
ti ricorda il primo amor.
Che morir mi fa di duolo
   il tuo sdegno, il tuo rigor.
Di pietade indegno, è vero,
sol spirar io deggio orror.
Pur saresti men severo
se vedessi questo cor.
Disperato vado a morte,
ma il morir non mi spaventa.
Il pensiero mi tormenta
   che fui teco un traditor!
(Tanto affanno soffre un core,
nè si more di dolor!)

For pity's sake, for this moment alone
remember your first love.
Your scorn, your harshness
   only make me die of sorrow.
Unworthy of pity, it is true,
I must inspire only horror.
But you would be less severe
if you could see into this heart.
In despair I go to death;
but dying does not frighten me.
The thought that I was a traitor to you
   torments me!
(So much anguish a heart suffers
without dying of grief!)

Va, l'error mio palesa

from
MITRIDATE, RE DI PONTO

Va, va, l'er - ror mio pa -

le - sa e la mia pe - na af - fret - ta, e la mia pe - na af -

fret - ta; ma for - se la___ ven det - ta ca - ra ti co - ste -

rà,   ca - ra ti co - ste - rà,_____

ca - ra ti co - ste - rà.   Va,   l'er-

ror mio pa - le - sa   e   la mi-a pe - na af - fret-ta;   ma

for - se__ la__ ven - det - ta ca - ra ti co - ste - rà, ma

for - se__ la__ ven - det - ta ca - ra ti co - ste - rà, ti

co - ste - rà, ti co - ste - rà.

Quan - do si lie - ve of - fe - sa pu -

la mia pe - na af - fret - ta, e la mia pe - na af - fret - ta; ma

for - se la ven - det - ta ca - ra ti co - ste - rà,_____

_____ ca - ra ti co - ste - rà.

fp   fp   fp   fp   f

Va, l'er - ror mio pa - le - sa e la_ mi - a pe - na af

fret - ta; ma for - se_ la_ ven - det - ta ca - ra ti co - ste - rà, ma

for - se_ la_ ven - det - ta ca - ra ti co - ste - rà, ti

co - ste - rà, ti co - ste - rà.

Son reo; l'error confesso

from
MITRIDATE, RE DI PONTO

Son re - o; l'er-ror con-fes - so, l'er-ror con-fes - so; e

de - gno del tuo_ sde - gno non chie - do a te_ pie -

tà, e de - gno____ del tuo

sde - gno non chie - do a te____ pie - tà.

Allegro

Ma reo di me peg - gio - re il tuo ri - va - le è

que - sto, il tuo ri - va - le è que - sto, che me - ri - tò l'a -

mo - re del - la fa - tal bel - tà, del - la fa - tal bel -

tà, che me - ri - tò l'a - mo - re, che me - ri - tò l'a -

sde - gno non chie - do a te pie - ta.

Allegro

Ma reo di me peg - gio - re il tuo ri - va - le è

que - sto, il tuo ri - va - le è que- sto, che me-ri-tò l'a -

mo - re del - la fa-tal bel - tà, del - la fa-tal bel -

Non so più cosa son

from
LE NOZZE DI FIGARO

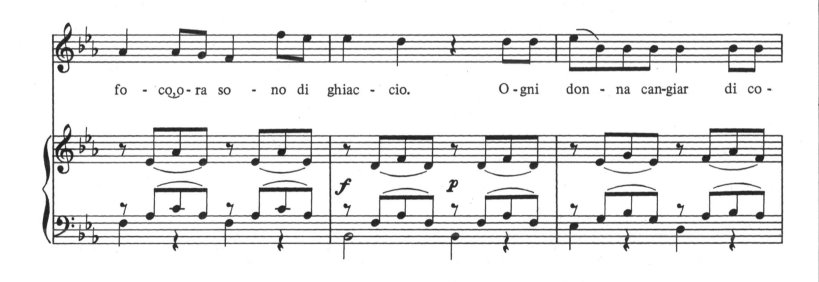

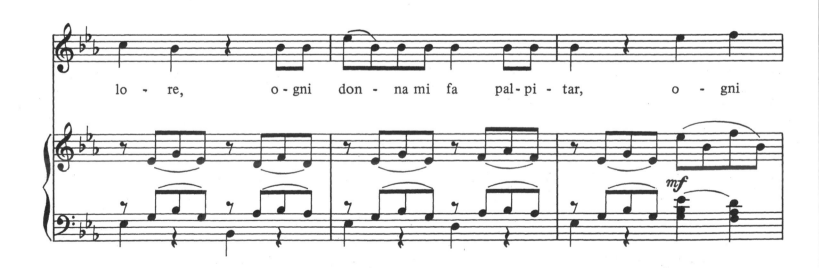

don - na mi_ fa pal - pi - tar, o - gni don - na mi

fa pal - pi - tar. So - lo ai no - mi d'a-mor, di di -

let - to, mi si tur - ba, mi s'al - te-ra il pet - to,

e a par - la - re mi_ sfor - za d'a - mo - re

un de - si - o, un de - si - o ch'io non

pos - so spie - gar, un de - si - o, un de -

si - o ch'io non pos - so spie - gar._____ Non so

piu co - sa son, co - sa fac - cio; or di fo - co,ora sono di

ghiac - cio. O - gni don - na can-giar di co - lo - re, o - gni

don - na mi fa pal - pi - tar, o - gni don - na mi

fa pal - pi - tar, o - gni don - na mi fa pal - pi -

tar. Par - lo d'a-mor ve -

via con se. Par - lo d'a-mor ve - glian - do,

par - lo d'a-mor so - gnan - do, all' ac - qua, all' om - bra,

ai mon - ti, ai fio - ri, all' er - be, ai fon - ti, all'

e - co all'a - ria, ai ven - ti, che il suon de' va - ni ac - cen - ti,

cresc.   f   p   cresc.

*Appoggiaturas are optional here.

Voi, che sapete

from
LE NOZZE DI FIGARO

Andante con moto

CHERUBINO:

Voi, che sa - pe - te che co - sa è a - mor,

don - ne, ve - de - te, s'io l'ho nel cor,

done, ve - de - te,___ s'io l'ho__ nel__ cor.

Quel - lo ch'io pro - vo, vi_____ ri - di - rò;___

è per me nuo - vo, ca - pir nol so.

Sen - to un af - fet - to pien di de - sir,___

ch'o - ra è di - let - to, ch'o - ra è mar - tir.

Ge - lo, e poi sen - to l'al - ma av - vam - par,

e in un mo - men - to tor - no a ge - lar.

Ri - cer - co un be - ne fuo - ri di me

non so chi il tie - ne, non so cos' è. So-spi-ro e

ge - mo sen-za vo - ler; pal - pi-to e tre - mo sen-za sa -

per. Non tro-vo pa - ce not-te nè dì, ma pur mi pia - ce

lan - guir co - sì. Voi, che sa - pe - te

che co - sa è a - mor, don - ne, ve - de - te,

s'io l'ho nel cor, don - ne, ve - de - te,____

s'io l'ho nel cor, don - ne, ve - de - te,____

s'io l'ho_ nel_ cor.

Il capro e la capretta

from
LE NOZZE DI FIGARO

Tempo di menuettto

MARCELLINA:

Il ca - pro e la ca - pret - ta son sem - pre in a - mi-

stà,___ l'a - gnel - lo all' a-gnel-let - ta la guer - ra_ mai_ non_

fa.___ Le più fe-ro-ci bel - ve per

sel - ve e per cam - pa - gne la - scian le lor com -

pa - gne in pa-ce e li-ber - tà,___ la - scian le lor com -

pa - gne   in   pa - ce e - li - ber - tà,_____

in__ li - ber -

tà._____   Il   ca - pro e la   ca - pret - ta   son   sem - pre in a - mi -

stà,_____   l'a - gnel - lo all' a - gnel - let - ta,   la

guer - ra__ mai__ non__ fa._____ Le più fe - ro - ci

bel - ve per sel - ve e per cam - pa - gne

la - scian le lor com - pa - gne in pa - ce e li - ber -

Allegro

tà, in li - ber - tà. Sol noi po - ve - re fem-mi-ne, che

tan - to a - miam quest' uo - mi - ni, trat - ta - te siam dai per-fi-di o -

gnor con cru - del - tà, o - gnor con cru - del - ta.

Sol noi po - ve - re fem-mi-ne, che

tan - to a - miam quest' uo - mi-ni, che tan - to a

miam

quest' uo - mi-ni, trat - ta - te siam dai per-fi-di o -

gnor con cru-del - tà, trat - ta - te siam dai per-fi di o -

42

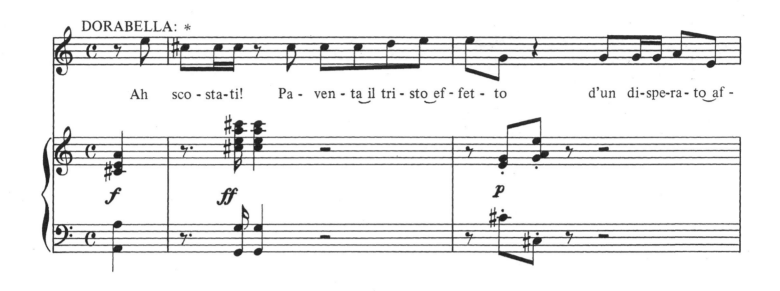

Smanie implacabili

from
COSÌ FAN TUTTE

* Appoggiatura possible

ca - bi-li che m'a - gi - ta - te, en - tro quest'a - ni-ma

più non ces - sa - te fin - chè l'an - go - scia mi fa mo -

rir, mi fa mo - rir. E -

sem - pio mi - se-ro d'a - mor fu -

spir.   Sma - nie im - pla-

cresc.   _f_   _p_

ca - bi - li _____ che m'a - gi - ta - te, en - tro quest'

a - ni - ma _____ più non ces - sa - te fin - chè l'an -

go - scia   mi fa mo - rir,   mi __ fa   mo -

mfp

ri - - - bi - le de' miei so -

spir, da - rò all' Eu - me - ni - di se vi - va re - sto

col suo - no or - ri - bi - le_____

_____ de'__ miei so - spir, da - rò all' Eu - me - ni - di

È amore un ladroncello

from
COSÌ FAN TUTTE

ser - pen-tel-lo e a - mor,＿＿ ei to - glie e dà ＿ la pa - ce, la

pa - ce co - me gli pia-ce ai cor.

Por - ta ＿ dol - cez - za, dol - cez - za e gu - sto, se

tu lo la - sci far,＿＿ ma t'em - pie di dis - gu - sto, ma

fp   *fp*

t'em - pie di dis - gu - sto, se ten - ti di pu - gnar.

Por - ta dol - cez - za e gu - sto se tu lo la - sci far, ma

t'em - pie di_____ dis - gu - sto, se ten - ti di_____ pu -

gnar._____ È a - mo - re un la - dron - cel - lo, un

ser - pen -tel - lo e a - mor;_____ ei to - glie_e dà___ la

pa - ce, la pa - ce co -me gli pia -ce ai cor.

Se nel tuo pet - to ei sie - de, s'e -gli ti bec - ca qui, fa

tut - to quel_ch'ei chie___ de___ che_anch' io fa - rò co - sì.___

Parto, parto

from
LA CLEMENZA DI TITO

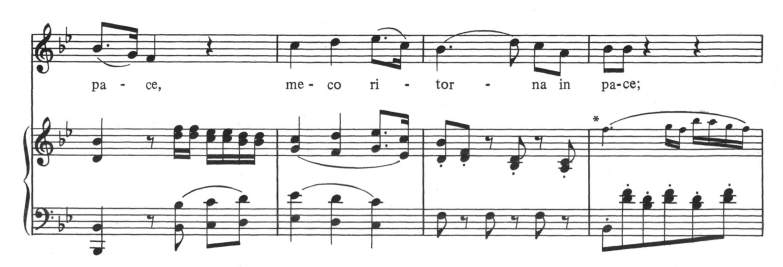

*Solo clarinet part, in small size notes, to be played only in the absence of a clarinet.

sa - rò qual più ti piace, sa - rò qual più ti piace, quel che vor - rai fa - rò, vor - rai fa - rò. Par - to, ma tu ben mi - o, me - co ri -

tor - na in pa - ce; sa - rò qual più ti

pia - ce, quel che___ vor - rai fa - rò, si sa -

rò qual più ti pia - ce, quel_____ che vor -

rai — fa - rò,   quel__ che_____ vor - rai fa -

rò,   quel__ che   vor - rai fa - rò.

Allegro

Guar - da - mi, e tut - to ob -

me si_ pen - se - rà.

Par - to, ma tu ben mi - o, me co ri - tor - na in

pa - ce; sa - rò,_ qual più_ ti pia - ce,_

quel che vor - rai fa - rò, quel che vor -

rai fa - rò. Guar - da - mi, guar - da - mi!

A __ que - sto sguar - do so - lo

da __ me si pen - se - rà, da me __ si

pen - se - rà.

Allegro assai

Guar - da - mi e tut - to ob - bli - o,

e a ven - di - car - ti io vo - lo. Ah qual po - ter, o

De - i! do - na - ste al - la bel - tà, do -

na - ste al - la bel - tà,

na - - ste al - la bel -

tà, al - la bel - tà, al -

la bel - tà, al - la bel - tà.

Parto, parto

Clarinet in B flat

from
LA CLEMENZA DI TITO

Clarinet in B♭

Torna di Tito a lato

from
LA CLEMENZA DI TITO

Tor - na_ di_ Ti - to_a la - to;

tor - na, tor - na, tor - na_e l'er-ror pas - sa - to

con_ re-pli-ca-te_e_men - da pro-ve di fe-del - tà,___

tor - na, tor - na, tor - na, e l'er-ror pas - sa - to

con — re - pli - ca - te e - men - da — pro - ve — di — fe - del -

tà. Tor - na, tor - na! L'a - cer - bo tuo do -

lo - re è — se - gno ma - ni - fe - sto,

che di vir-tu nel co - re l'im ma - gi - ne ti

sta, che di vir-tù nel co - re l'im - ma - gi - ne ti

sta. Tor - na, tor - na, tor - na di Ti - to a

la - to, tor - na di Ti - to a la - to, tor - na, e l'er-ror pas-

Deh, per questo istante solo

from
LA CLEMENZA DI TITO

SESTO:

Deh, per que - sto i - stan - te _ so - lo   ti ri - cor - da il

pri - mo a - mor.   Che   mo - rir   mi   fa   di

duo-lo   il   tuo sde-gno, il tuo ri - gor,   il tuo

sde-gno,   il tuo ri - gor.   Di   pie - ta-de in-de - gno, è

ve - ro,   sol spi-rar   io deg-gio or-ror,   sol spi-rar   io deg-gio or-

ror.   Pur sa - re - sti   men se - ve - ro,   se ve-des - ti   que-sto

duo-lo   il tuo sde-gno, il tuo ri - gor,   il tuo

Allegro

sde- gno, il tuo ri - gor.

Di - spe - ra - to va do a

mor - te,   ma il   mo - rir non mi spa - ven - ta. Il pen-

sie - ro   mi tor - men - ta   che fui te - co un tra - di -

tor,   che fui te - co un tra - di - tor!

(Tan - to af -

fan - no sof - fre un co - re, nè si mo - re di do - lor.

Tan - to af - fan - no sof - fre un co - re, nè si

mo - re di do - lor, _____ di do - lor!)

Di pie -

cresc.

fp

p

ta - de in - de - gno, e ve - ro, sol spi - rar io deg - gio or-

f

lor,   nè si mo - re di do -

lor,   ne si mo - re di do -

lor,   di do - lor,   di do - lor!)